29
메아리가 된 에코

주니어RHK

신화의 가치

신화는 한 민족의 기원이나 역사적 · 종교적 · 문화적 삶의 모습을 보여 주는 옛이야기입니다. 주로 신과 영웅에 관한 이야기가 많고, 오랫동안 입에서 입으로 전해 내려왔다는 특징이 있지요.

우리가 살펴볼 그리스 로마 신화는 고대 그리스와 로마에 전해 오는 신화와 전설을 한데 묶은 것입니다. 그리스 로마 신화는 고대의 삶을 엿보게 해 주는 문화유산일 뿐만 아니라, 세계 여러 나라의 문학과 미술에 큰 영향을 끼쳤습니다. 하지만 문화적 가치만큼이나 중요한 것이 또 있습니다. 오래된 옛이야기이면서도 거기에 담긴 교훈적 가치가 오늘날에도 여전히 쓸모 있고 중요하다는 사실입니다.

놀랍지 않나요? 수천 년 전의 이야기가 어떻게 과학 문명이 고도로 발달한 오늘날에도 통하는 것일까요? 그것은 바로 그리스 로마 신화에 나오는 신과 영웅의 모습이 오늘날 우리의 모습과 다르지 않기 때문입니다. 신들도 우리처럼 분노하고, 질투하고, 실수를 하지요. 그런 모습을 보면서 우리는 깔깔 웃거나 눈물을 흘리고, 교훈과 감동을 얻습니다. 우리가 그리스 로마 신화를 읽어야 하는 까닭이 바로 이것입니다.

신화의 세계로 떠날 여러분에게 한마디 덧붙이자면, 신화는 우리에게 끝없는 상상력을 요구한다는 점입니다. 신화 속에는 수많은 은유와 상징이 곳곳에 널려 있지요. 따라서 신화를 읽을 때에는 상상력을 최대한 발휘하여 신화 속에 숨겨진 의미를 찾고, 그것을 자기 나름대로 재해석하는 과정이 필요합니다. 이렇게 읽었을 때에야 비로소 여러분 앞에 놀라운 삶의 이야기가 펼쳐질 것입니다.

자, 그럼 흥미진진한 신화의 세계 속으로 함께 떠나 볼까요?

아름다운 목소리를 가진 숲의 요정 에코.
하지만 그녀의 지칠 줄 모르는 수다는
모든 이들을 질리게 했습니다.
어느 날, 에코는 제우스와 헤라를 만나게 되고
이 만남은 그녀의 운명을 바꾸어 놓습니다.
수다쟁이 에코는 어떻게 될까요?

주요 등장인물

제우스

올림포스 신들의 왕으로
하늘과 벼락의 신이에요.
워낙 여자를 좋아해서
인간, 님프, 신 할 것 없이
마음에 들면 바로
자기 애인으로 삼아요.

헤라

제우스의 아내로,
올림포스의 여신들 가운데
가장 높은 여신이에요.
결혼의 여신으로
질투심이 많아요.

나르키소스

외모가 무척 아름다운 청년으로
숲 속 님프들의 사랑을 한 몸에 받아요.
하지만 아무에게도 마음을 주지 않고
쌀쌀맞게 대해요.

에코

숲과 샘의 님프예요.
아름다운 목소리를 가졌지만
헤라를 만나 수다를 떨다가
헤라에게서 벌을 받아요.

1
수다쟁이 에코

"얘들아, 내가 무슨 이야기를 들었는지 아니? 아마 깜짝 놀랄걸!"

"무슨 소식인데 그리 호들갑이니?"

에코는 아름다운 목소리와 고운 마음씨를 가진 숲의 님프였습니다. 에코가 아름다운 목소리로 노래를 부르면, 다람쥐, 노루, 사슴 할 것 없이 몰려와서 에코의 노래를 들었습니다. 동물뿐만 아니라 다른 님프들도 에코의 목소리를 좋아했습니다.

"에코, 네 목소리는 정말 아름다워. 나도 너처럼 목소리가 고우면 좋을 텐데……."

"어머, 정말 그렇게 생각하니? 고마워."

친구들의 칭찬에 에코는 기분이 좋아서 더욱 즐겁게 노래를 불렀습니다. 하지만 그런 에코에게도 한 가지 *단점이 있었습니다. 그것은 바로 지나치게 말이 많다는 것이었지요.

***단점** 잘못되고 모자라는 점.

에코는 노래하는 것도 좋아했지만, 그보다 이야기하는 것을 더 좋아했습니다. 온종일 숲 속을 거닐면서 보고 들은 신들의 이야기나, 세상이 돌아가는 소식을 친구들에게 가장 먼저 알려 주곤 했습니다.

"얘들아, 내가 무슨 이야기를 들었는지 아니? 아마 깜짝 놀랄걸!"

"무슨 소식인데 그리 *호들갑이니?"

친구들도 에코가 가져오는 흥미진진한 소식을 들으려고 귀를 쫑긋 세우고 모여들었습니다.

*호들갑 조심성이 없고 야단스러운 말이나 행동.

"그러니까 이번에 제우스 님이 또 어떤 님프에게 반해서 헤라 님이 화가 단단히 나셨대. 그런데 아폴론 님이……."

에코는 한번 이야기를 시작했다 하면 도무지 그칠 줄을 몰랐습니다.

"에코, 그러니까……."

"잠깐, 아직 내 말 안 끝났어. 끝까지 좀 들어 봐."

에코는 다른 사람이 이야기를 하려고 하면 말을 자르고는, 계속 자기 이야기만 하려고 했습니다.

"너희, 오늘 내가 누굴 본 줄 알아? 나르키소스 님을 봤지 뭐니. 아, 얼마나 멋있던지……. 정말이지 한 번만 봐도 누구나 다 반할 거야. 너희도 그렇게 생각하지 않니?"

"정말이야, 에코? 나르키소스 님을 어디서 봤는데?"

"가만히 있어 봐. 그러니까 어떻게 해서 보게 됐느냐면 말이야. 오늘따라 햇살이 너무 좋은 거야. 그래서 산책을 하려고 했지. 그런데……."

에코는 친구들의 물음에는 대답하지 않고, 자신이 하고 싶은 이야기를 다 하고 나서야 친구들의 말을 들었습니다.

아름다운 숲의 님프 에코

〈에코〉 로버트 리드

로버트 리드가 그린 에코의 모습이에요. 숲의 님프인 에코가 머리에 꽃을 꽂고 나무 아래에 앉아 있어요. 살짝 고개를 들고 어딘가를 바라보는 에코의 모습이 순수하고 아름다워요.

친구들 대부분은 에코가 들려주는 흥미진진한 이야기를 좋아했지만, 어떤 친구들은 쉴 새 없이 떠들어 대는 *수다에 질려 에코를 피하기도 했습니다.

“어머, 저기 에코가 있잖아. 괜히 붙잡혔다가는 피곤해질 테니, 난 다른 길로 돌아갈래.”

“그래, 마침 나도 급한 일이 있었는데, 오늘은 못 본 척해야겠어.”

하지만 에코를 피하기는 했어도, 친구들은 마음씨 고운 에코를 미워하지는 않았습니다. 다만 에코가 말을 조금만 줄이고, 자신들의 이야기도 잘 들어 주는 친구가 되기를 바랐습니다.

*수다 쓸데없이 말수가 많음. 또는 그런 말.

2
제우스와의 만남

에코는 가슴이 콩닥거렸습니다.

'저 분이 바로 제우스 님이구나.
어째서 이 숲까지 와
저 아이와 이야기를 나누고 계실까?'

그러던 어느 날, 에코가 무슨 재미난 일이 없을까 하고 숲 속을 이리저리 걷고 있을 때였습니다. 어디선가 큰 웃음소리가 들려왔습니다.

"이게 무슨 소리지?"

에코는 소리가 나는 쪽으로 다가갔습니다. 큰 나무 아래서 에코가 잘 아는 숲의 님프가 웬 사내와 이야기를 나누고 있었습니다.

'어, 저 아이와 함께 있는 낯선 남자는 누구지?'

에코는 호기심이 생겨 귀를 쫑긋하고 둘의 대화를 엿들었습니다.

"하하하, 그게 정말이냐?"

"어머나, 제우스 님. 그것도 모르셨단 말이에요?"

에코는 방금 숲의 님프가 한 말을 의심했습니다.

'뭐라고? 저 분이 올림포스 신들의 왕 제우스 님이란 말이야?'

에코는 제우스 신이라는 말에 눈을 비비며 다시 한 번 쳐다보았습니다. 님프와 다정하게 이야기를 나누고 있지만 그에게서 풍기는 위엄은 그동안 자신이 본 그 어떤 신과도 견줄 수 없었습니다. 말로만 듣던 제우스를 처음 본 에코는 가슴이 콩닥거렸습니다.

'저 분이 바로 제우스 님이구나. 어째서 이 숲까지 와 저 아이와 이야기를 나누고 계실까?'

제우스는 들판에 핀 꽃을 꺾어 님프에게 아름다운 꽃관을 만들어 주었습니다.

"이 아름다운 꽃은 너를 꼭 닮았구나."

"제우스 님, 제가 정말 이렇게 예쁜가요?"

제우스와 님프의 모습은 누가 보아도 사랑하는 사이처럼 보였습니다.

'왜 헤라 여신의 남편인 제우스 님이 평범한 숲의 님프와 정답게 이야기를 나누고 있는 걸까? 설마 저 아이와…….'

비록 올림포스 신전에 가 본 적은 없지만 누구보다 신들의 이야기에 관심이 많았던 에코는 제우스가 바람기가 많은 신이라는 것을 알고 있었습니다.

'이번에는 저 님프가 마음에 드셨나 보군. 헤라 님이 알면 어쩌려고 님프를 만나고 있을까.'

에코는 자신의 짐작이 사실인지 확인하고 싶어서 좀 더 바짝 다가가 두 사람이 나누는 이야기에 귀를 기울였습니다.

하지만 사이좋은
두 사람이 귓속말을 주고
받자 도무지 엿들을 수 없었습니다.

그들이 어떤 이야기를 주고받는지 자세히 듣지는 못했지만, 제우스가 새로운 님프를 만난다는 것과 그 님프가 자신의 친구라는 것만은 확실했습니다.

'내가 이러고 있을 때가 아니지. 이 소식을 알면 다들 깜짝 놀라겠지? 어서 가서 알려 줘야지.'

에코는 새로운 이야깃거리를 알려야겠다는 생각에 살며시 자리를 떴습니다. 제우스와 님프는 누군가 자기들을 엿보았다는 사실도 모른 채 계속 즐겁게 이야기를 나누었습니다.

에코는 한껏 흥분해서는 숲을 뛰어갔습니다.

3
헤라의 벌

"제발 입 좀 다물어라! 나는 지금 바쁘단 말이야.
쓸데없는 이야기는 그만하지 그래.
도대체 너는 왜 그렇게 말이 많은 것이냐."

에코는 한참 뛰어가다가 숨이 차서 하늘을 올려다보았습니다. 마침 하늘에서 누군가가 구름을 타고 오는 것이 보였습니다.

'이 숲에서 못 보던 분인데, 누가 구름을 타고 오시는 걸까?'

에코는 헤라 여신이라는 것도 모르고 손을 흔들며 말을 걸었습니다.

"여기예요. 여기!"

'저건 뭐지?'

헤라는 손을 흔드는 에코에게로 내려갔습니다.

"어머나, 처음 뵙는 분인데 어떻게 이 숲에 오셨나요? 저는 이 숲의 님프 에코라고 해요."

"나는 헤라다. 이 숲에 볼일이 있어서 왔지."

사실 헤라는 제우스가 님프들과 어울려 노는 것은 아닐까 의심하여 제우스를 찾아 나선 길이었습니다.

제우스를 감시하는 헤라

여인들을 좋아하는 남편 제우스 때문에 헤라의 속은 편할 날이 없었어요. 항상 제우스를 감시하느라 신경을 곤두세웠지요. 신화 속에서는 헤라가 제우스의 연인들과 그 사이에서 난 자식들을 괴롭히는 드센 부인으로 나와요. 하지만 결혼한 사람들을 지켜 주는 여신으로서, 남편 제우스의 못된 버릇을 그냥 보아 넘길 수만은 없었던 것이지요. 고대 그리스 사람들은 헤라와 제우스가 다투면 하늘에서 벼락이 치고 큰 폭풍이 일어난다고 생각했어요.

에코는 순간 아까 숲에서 보았던 제우스의 모습이 떠올랐습니다.

'아, 제우스 님을 찾으러 오셨군. 그 모습을 들키는 날에는 제우스 님과 그 님프 둘 다 큰일이 날 텐데…….'

에코는 비록 둘이 헤라를 속이고 만났더라도 친구가 엄청난 벌을 받는 것은 피하게 해야겠다고 생각했습니다.

"헤라 님은 소문대로 정말 아름답군요. 만나 뵈어 영광이에요."

"그래, 에코라고? 너는 참 아름다운 목소리를 가졌구나."

에코는 친구들에게 수다를 떨듯이 신 나게 이야기를 하기 시작했습니다.

"어머나, 감사해요, 헤라 님. 사실 제가 목소리가 아름답다는 이야기를 자주 듣곤 해요. 호호호. 뭐 절대 제 자랑을 하는 것은

아니지만요. 아! 제가 이 근처에 정말로 아름다운 샘을 하나 알고 있는데, 헤라 님께 꼭 보여 드리고 싶어요. 저와 함께 가시겠어요?"

"글쎄, 샘을 보러 갈 시간은 없구나. 그나저나 혹시 이 근처에서 제우스를 보지 못했니?"

에코는 헤라가 제우스에 대해 묻자 조금 당황했지만, 아무렇지 않은 척 이야기를 계속했습니다.

"제우스 님요? 저는 제우스 님을 한 번도 뵌 적이 없는 걸요. 제우스 님은 어떤 모습인가요? 소문대로 무섭게 생겼나요? 번개를 들고 다니시나요? 떠도는 이야기로는 변신을 잘한다던데, 그래서 제가 몰라본 걸까요?"

에코는 *너스레를 떨며 헤라에게 계속 거짓말을 했습니다. 헤라는 끝도 없이 주절대는 에코와 계속 함께 있다가는 오늘 안에 제우스를 찾을 수 없을 것 같았습니다.

*너스레 수다스럽게 떠벌려 늘어놓는 말이나 짓.

"제발 입 좀 다물어라! 나는 지금 바쁘단 말이야. 쓸데없는 이야기는 그만하지 그래. 도대체 너는 왜 그렇게 말이 많은 것이냐."

헤라는 에코에게 버럭 소리를 질렀습니다.

"헤라 님, 화나셨나요? 제가 말이 좀 많지요? 하지만 친구들은

제 얘기를 잘 들어줘요. 왜냐하면 저 말고는 그런 재미있는 얘기를 들려줄 사람이 없거든요. 아까도 저기 제우스 님이 님프랑 함께 있는 걸……. 아차!"

에코는 이야기를 늘어놓다가 제우스가 님프와 함께 있는 사실을 헤라에게 말하고 말았습니다.

"뭐, 뭐라고? 지금 뭐라고 했느냐? 제우스가 님프와 함께 있는 걸 봤단 말이지?"

"네? 아니, 저는 그게 아니라……."

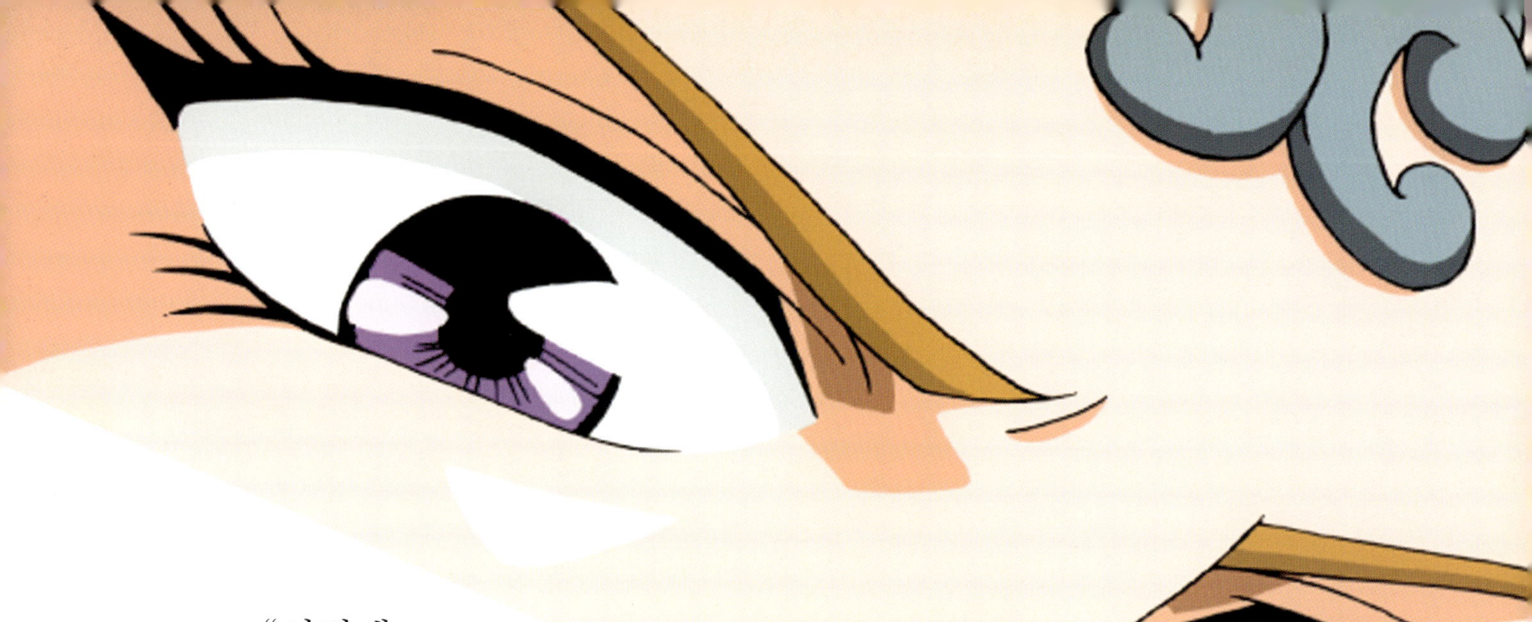

"이렇게
*맹랑할 수가! 감히
나 헤라를 속여?"

헤라는 보잘것없는 님프 따위가 자신을 속였다는 사실에 크게 노했습니다. 헤라는 아름다운 여신이었지만 화가 나면 제우스도 말릴 수 없었습니다. 에코는 잔뜩 겁에 질렸습니다.

"헤라 님, 한 번만 용서해 주세요. 헤라 님처럼 아름답고 인자하신 분은 이 못난 님프의 죄를 너그러이 용서해 주실 거라 믿어요. 사실은 제우스 님께서 비밀을 지켜 달라고 해서 그런 것이에요. 감히 제가 어찌 제우스 님의 부탁을 거절할 수 있겠어요? 저도 어쩔 수 없었다는 걸 알아 주세요. 헤라 님, 제발 한 번만 용서해 주세요."

화가 난 헤라 앞에서도 에코는 수다를 그칠 줄 몰랐습니다.

***맹랑하다** 하는 짓이 만만히 볼 수 없을 만큼 똘똘하고 깜찍하다.

"너는 용서를 비는 순간에도 무슨 말이 그렇게 많은 것이냐."

헤라는 에코가 자신을 속인 것도 *괘씸했지만, 정신을 쏙 빼놓는 수다에 더 *진저리가 났습니다.

"너는 쓸데없는 말을 너무 많이 해. 너는 이제부터 네가 하고 싶은 말은 더 이상 하지 못 하고, 네가 먼저 말을 할 수도 없을 거야. 대신 남이 하는 말의 끝만 겨우 따라 할 수 있을 것이다."

헤라가 내린 벌은 말하기 좋아하는 에코에게는 실로 엄청난 것이었습니다. 하지만 에코는 처음에는 그게 얼마나 무서운 벌인지 알지 못 했습니다.

*괘씸하다 남에게 예절에 어긋나는 짓을 당해 분하고 밉살스럽다.
*진저리 몹시 싫증이 나거나 귀찮아 떨쳐지는 몸짓.

4
잃어버린 목소리

에코는 아름다운 목소리로 친구들을 불렀습니다.

그런데 웬일인지 에코의 목소리는 입 밖으로 나오지 않았습니다.

'이게 뭐야? 왜 목소리가 나오지 않지?'

에코는 너무나 당황하여 어쩔 줄을 몰랐습니다.

에코의 친구들은 숲 속에서 즐겁게 이야기를 나누고 있었습니다.

'애들아!'

에코는 아름다운 목소리로 친구들을 불렀습니다. 그런데 웬일인지 에코의 목소리는 입 밖으로 나오지 않았습니다.

'이게 뭐야? 왜 목소리가 나오지 않지?'

에코는 너무나 당황하여 어쩔 줄을 몰랐습니다.

"어, 저기 에코잖아. 에코, 어딜 다녀오는 길이니?"

한 친구가 에코를 발견하고 정답게 말을 건넸습니다.

"길이니?"

에코의 입에서는 친구가 하는 말의 끝만 겨우 나왔습니다.

'헤라 님이 말씀하신 대로 되었어. 아아, 이제 나는 어쩌면 좋아.'

친구들은 말 많은 에코가 오늘따라 왜 아무 말도 하지 않는지 궁금했습니다.

"에코, 장난하지 말고 오늘은 무슨 재미난 일이 있었는지 이야기해 줘."

"이야기해 줘."

이번에도 에코의 입에서는 친구가 한 말의 끝 부분만 새어 나왔습니다.

"에코, 무슨 일 있어?"

"일 있어?"

에코는 오늘 있었던 일을 친구들에게 모두 말해 주고 싶었습니다. 하지만 자기 뜻과는 상관없이 계속 친구들의 말끝만 따라 했지요. 에코는 답답해 죽을 것만 같았습니다.

‘얘들아, 나도 오늘 무슨 일이 있었는지 이야기하고 싶단 말이야.’

친구들은 이런 에코의 속을 알 리가 없었습니다.

“왜 우리 말을 따라 하기만 하는 거야? 오늘은 이야깃거리가 없니?”

“이야깃거리가 없니?”

“뭐야, 에코. 이야기하기 싫으면 싫다고 말을 하지, 왜 남의 말 끝만 따라 하고 그러니? 흥, 기분 나빠.”

친구들은 에코에게 화를 내며 모두 돌아가 버렸습니다.

'얘들아, 그게 아니야. 내가 헤라 님한테서 벌을 받아 그런 거야. 얘들아, 제발 가지 마!'

에코는 눈물이 그렁그렁 맺힌 채 친구들을 향해 소리를 질렀지만, 그 말은 한마디도 입 밖으로 나오지 않았습니다. 에코는 혼자서 외롭게 숲 속을 *거닐었습니다.

그런데 저쪽에서 웬 남자의 목소리가 들려왔습니다.

"거기 누구 없나?"

에코는 목소리가 나는 곳으로 걸음을 옮겼습니다. 그런데 그곳에는 아름다운 나르키소스가 있었습니다.

나르키소스는 이 숲에 자주 사냥을 하러 오는 아름다운 청년이었습니다. 외모가 무척 뛰어나 에코뿐 아니라 숲 속의 많은 님프들이 그에게 마음을 빼앗겼습니다.

*거닐다 가까운 거리를 이리저리 한가로이 걷다.

5
메아리가 된 에코

나르키소스는 자신의 말을 또 따라 하는 에코가 어이없었습니다.

'나르키소스 님, 그런 게 아니에요.'

하지만 나르키소스는 무척 다가가기 어려운 사람이었습니다. 그래서 에코는 그동안 말 한마디 건네지 못하고 바라보기만 했습니다.

'아, 나의 나르키소스 님! 둘이서 *오붓이 대화를 나눌 수 있는 좋은 기회인데, 난 아무 말도 할 수 없다니……. 아, 너무나 모진 운명이구나.'

에코는 자신의 불행을 탓하며 나무 뒤에 몸을 숨긴 채 나르키소스를 훔쳐보았습니다. 비록 다가가서 말을 건넬 수는 없지만, 아름다운 나르키소스의 모습을 보는 것만으로도 큰 위로가 되는 것 같았습니다.

윤기 나는 머리카락, 반짝이는 눈, 오똑한 콧날과 늠름한 어깨. 어디 하나 흠잡을 데 없는 미모였습니다.

'아, 나르키소스 님과 한 번만이라도 이야기를 나눌 수 있다면…….'

*오붓이 홀가분하면서 아늑하고 정답게.

"도대체 다들 어디 간 거야? 나만 놔두고!"

사냥을 하다가 친구들과 길이 엇갈린 나르키소스는 애타게 친구들을 찾고 있었습니다.

"있으면 대답해!"

"대답해!"

에코는 저도 모르게 그만 나르키소스의 말을 따라 하고 말았습니다.

"어, 무슨 소리가 났는데! 친구들이 이 근처에 있나 보군. 이봐, 나 여기 있어!"

"여기 있어!"

나르키소스는 친구들이 온 줄 알고 기뻐서 소리쳤습니다.

"거기 있었군. 이리 나오게!"

"이리 나오게."

그런데 친구들의 모습은 보이지 않고, 말끝을 따라 하는 소리만 들리자 나르키소스는 이상한 생각이 들었습니다.

"지금 장난하는 거야? 도대체 누구야? 빨리 나와!"

"빨리 나와!"

에코는 어쩔 수 없이 나르키소스 앞에 모습을 드러냈습니다.

"너는 누구냐? 네가 지금 나한테 장난을 치고 있었던 것이냐?"

"것이냐?"

그러나 아무리 말을 하고 싶어도 에코는 나르키소스의 말만 따라 할 수 있을 뿐, 자신의 마음을 표현할 수가 없었습니다.

'아니에요. 그런 게 아니에요. 나르키소스 님.'

"뭐 이런 경우가 다 있어?"

"다 있어?"

나르키소스는 자신의 말을 또 따라 하는 에코가 *어이없었습니다.

'나르키소스 님, 그런 게 아니에요. 저는 지금 헤라 님의 벌을 받아서 그런 것뿐이에요.'

*어이없다 일이 너무 뜻밖이어서 기가 막히는 듯하다.

에코는 너무나 답답한 마음에 나르키소스의 손을 붙잡으려 했습니다. 나르키소스는 기겁을 하며 에코의 팔을 뿌리쳤습니다. 그리고 고함을 쳤습니다.

"도대체 왜 자꾸 내 말을 따라 하는 거야? 게다가 감히 내 몸에 손을 대? 너처럼 *무례한 여인은 처음 보는구나!"

"처음 보는구나."

에코는 자기를 *모욕하는 말조차 따라 했습니다.

*무례한 태도나 말에 예의가 없는.
*모욕하다 깔보고 욕되게 하다.

“정말 어이가 없군. 이렇게 화를 내는데도 장난을 치다니. 썩 물러가라.”

“썩 물러가라.”

“너 때문에 기분이 몹시 나빠졌어. 어서 비켜.”

나르키소스는 에코를 거칠게 밀어내고는 친구들을 찾으러 떠났습니다.

'나르키소스 님, 제발 이대로 가지 마세요. 제 마음은 그게 아니랍니다.'

에코는 나르키소스의 뒷모습을 보며 하염없이 눈물을 흘렸습니다. 하지만 여전히 말은 한마디도 할 수 없었습니다. 아무리 마음속으로 외쳐도 정작 나오는 말은 다른 사람이 한 말의 *끄트머리일 뿐이었습니다.

'그동안 내가 생각 없이 내뱉은 말들 때문에 정작 중요한 순간에 꼭 필요한 말을 못 하게 되었구나!'

에코는 하고 싶은 말을 마음껏 할 수 있었던 때가 얼마나 좋았는지 생각하며 *눈시울을 적셨습니다. 그리고 다른 사람들의 기분은 생각하지 않고 자기만 신이 나서 떠들었던 예전 모습을 반성했습니다.

에코와 관련된 또 다른 이야기

또 다른 전설에 의하면 에코가 메아리가 된 것은 '판'이라는 신의 분노 때문이라고 해요. '판'은 몸의 반은 사람이고 반은 염소의 모습을 한 숲의 신인데, 에코를 사랑해서 그녀에게 사랑을 고백했어요. 하지만 에코가 거절하자, 양치기들을 시켜 에코의 몸을 갈가리 찢어 죽이도록 했어요. 찢긴 에코의 몸을 대지가 거두어 숨겨 주었는데, 이때 에코의 목소리만 남아서 메아리가 되었다고 전해져요.

*끄트머리 맨 끝이 되는 부분.
*눈시울 눈언저리의 속눈썹이 난 곳.

그 뒤로 에코는 아무도 없는 어두컴컴한 동굴에서 살았습니다.

'여기라면 아무도 없으니 남의 말을 따라 할 수도 없겠지.'

에코는 더 이상 말을 할 수 없게 된 자신의 처지와 나르키소스에 대한 그리움으로 눈물을 흘리며 힘든 하루하루를 보냈습니다.

'나르키소스 님에게 다시 한 번 내 마음을 전할 수 있다면 얼마나 좋을까.'

에코의 몸은 슬픔을 견디지 못해 점점 메말라 갔습니다. 뼈만 남게 되었고, 그 뼈마저도 바위로 변했습니다. 그리고 그 바위에는 에코의 아름다운 목소리만 남게 되었습니다.

님프와 동물 들은 아름다운 목소리로 노래하는 에코를 더 이상 만날 수 없었습니다. 그 대신 누군가 큰 소리로 외치면 마치 기다리기나 한 것처럼 되울려 오는 *메아리를 들을 수 있었습니다. 그 메아리는 바로 에코의 목소리였습니다.

*메아리 울려 퍼져 가던 소리가 산이나 절벽 같은 데에 부딪쳐 되울려 오는 소리.

메아리가 된 에코

〈에코〉 가이 헤드

화가 가이 헤드는 메아리가 된 에코의 모습을 하얀 천을 두르고 하늘을 나는 모습으로 표현했어요. 그리고 산과 절벽 사이를 바람처럼 오가는 모습으로 그렸지요. 산에 가서 소리를 외치면 메아리가 울리는데, 그리스 사람들은 이는 메아리가 된 에코가 산이나 절벽 같은 곳에 머물기 때문이라고 생각했어요. 메아리를 뜻하는 영어의 '에코(echo)'는 바로 에코의 이름에서 온 것이랍니다.

신화 뒷이야기

OLYMPUS GUARDIAN

에코는 숲 속 님프들의 소식통으로 이야기를 아주 잘하는 님프였습니다. 그렇지만 지나치게 수다스러웠기 때문에 때로는 님프들에게 외면을 당하기도 하고, 결국 헤라에게서 벌을 받게 됩니다. 에코가 받은 벌은 바로 자신의 생각을 이야기하지 못 하고 겨우 다른 사람들이 한 말의 끝만 따라 하는 것입니다. 말하는 것이 삶의 즐거움이던 에코가 말을 하지 못 하게 되었으니, 그 벌은 정말 가혹한 것이었겠지요. 그렇지만 에코가 벌을 받은 것은 단순히 수다스러웠기 때문이 아니라 '말하기'에 대한 자세가 잘못되었기 때문입니다.

말을 잘하는 유명한 사람에게 "말을 잘하는 방법은 무엇입니까?" 하고 물으니 그 사람은 이렇게 대답했다고 합니다. "말을 잘하려면 무엇보다 남의 말을 잘 들어 주어야 합니다. 상대방이 말을 할 때마다 고개를 끄덕이며 상대방의 말을 주의 깊게 듣고 있음을 나타내는 사람이 바로 말을 잘하는 사람입니다." 그런 의미

에서 보면 에코는 결코 말을 잘하는 것이 아니었던 것입니다.

말이란 혼자서 한다면 의미 있는 행동이 되지 못 합니다. 상대방과 대화를 나눌 때에야 비로소 말이 가진 기능과 구실을 하는 것입니다. 대화는 한 사람이 하는 것이 아니라 두 사람, 혹은 다수의 사람들이 하는 것으로 내 이야기를 하는 것보다 남의 이야기에 귀를 기울여 들어 주는 것이 대화의 기본입니다. 입은 하나이면서, 귀는 왜 두 개인지 생각해 볼 필요가 있지요.

나의 이야기만 중요하게 생각하고 내 의견만 말하려 한다면, 동굴에서 혼자 살게 된 에코와 다르지 않은 사람이라고 할 수 있습니다.

올림포스 신들의 계보

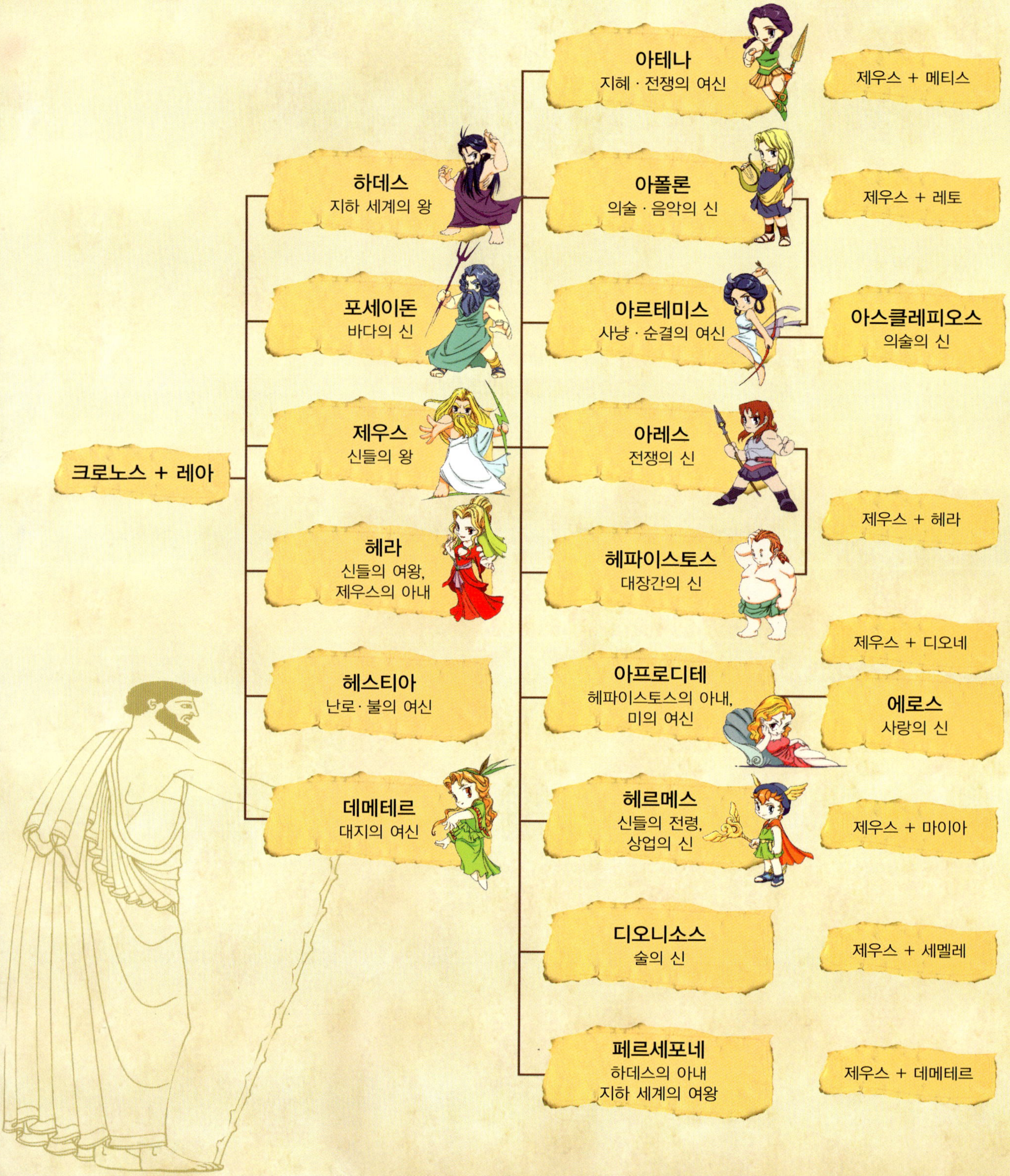
크로노스 + 레아
하데스
지하 세계의 왕
포세이돈
바다의 신
제우스
신들의 왕
헤라
신들의 여왕,
제우스의 아내
헤스티아
난로 · 불의 여신
데메테르
대지의 여신
아테나
지혜 · 전쟁의 여신
제우스 + 메티스
아폴론
의술 · 음악의 신
제우스 + 레토
아르테미스
사냥 · 순결의 여신
아스클레피오스
의술의 신
아레스
전쟁의 신
제우스 + 헤라
헤파이스토스
대장간의 신
제우스 + 디오네
아프로디테
헤파이스토스의 아내,
미의 여신
에로스
사랑의 신
헤르메스
신들의 전령,
상업의 신
제우스 + 마이아
디오니소스
술의 신
제우스 + 세멜레
페르세포네
하데스의 아내
지하 세계의 여왕
제우스 + 데메테르

그리스 로마 신화 주요 인물의 이름

그리스 어	로마 어	영어
가이아	텔루스	
니케	빅토리아	나이키, 빅토리
데메테르	케레스	세레스
디오니소스	바쿠스	바커스
레아	키벨레	시벨레
아레스	마르스	마스
아르테미스	디아나	다이애나
아테나	아테네, 미네르바	
아폴론	아폴로	아폴로
아프로디테	베누스	비너스
에로스	쿠피드, 아모르	큐피드
오디세우스	울릭세스	율리시스
우라노스	카일루스	유러너스
제우스	유피테르	주피터
크로노스	사투르누스	새턴
페르세포네	프로세르피나	
포세이돈	넵투누스	넵튠
하데스	플루톤	플루토
헤라	유노	주노
헤라클레스	헤르쿨레스	허큘리스
헤르메스	메르쿠리우스	머큐리
헤스티아	베스타	
헤파이스토스	불카누스	벌컨

그리스 로마 신화 올림포스 가디언 29

메아리가 된 에코

펴낸이 양원석
펴낸곳 (주)알에이치코리아
등록 2004년 1월 15일 제2-3726호
주소 서울특별시 금천구 가산디지털2로 53, 20층 (한라시그마밸리)
문의전화 02)6443-8800

ISBN 978-89-255-4419-9(74800)
ISBN 978-89-255-4354-3(세트)

값 **12,800원**

원작 만화로 보는 그리스 로마 신화(가나출판사)
이광진 엮음, 홍은영 그림
명화 구입처 유로크레온(주)

※잘못된 책은 구입하신 곳에서 바꾸어 드립니다.
※책 모서리가 날카로워 다칠 수 있으니 사람을 향해 던지거나 떨어뜨리지 마십시오.